까막딱따구리

이 도서의 국립중앙도서관 출판예정도서목록(CIP)은
서지정보유통지원시스템 홈페이지(http://seoji.nl.go.kr)와
국가자료종합목록시스템(http://www.nl.go.kr/kolisnet)에서
이용하실 수 있습니다. (CIP제어번호 : CIP2020003676)

| 한국대표정형시선 058 |

까막딱따구리

이숙경 시집

고요아침

■ 시인의 말

너는 온전하게 비롯되어
내게로 왔는지도 모른다.

벌써 떠난 것 아닐까
늘 두렵기도 하고

언젠가 또 올 것만 같아
설레기도 한다.

그래서 난 너를
사무치도록 그린다.

2020년 2월

이숙경

■ 차례

시인의 말　　　　　　　　　　　05

제1부 설화리

동백꽃 반지　　　　　　　　　13
뒤에게　　　　　　　　　　　14
백년도깨비시장　　　　　　　15
거짓말　　　　　　　　　　　16
사슬을 뜨다　　　　　　　　　17
붉은오름　　　　　　　　　　18
일탈　　　　　　　　　　　　19
잠자는 집시　　　　　　　　　20
광장의 비　　　　　　　　　　21
무박 열차　　　　　　　　　　22
바다가 보이는 요양원　　　　23
눈 내리는 토요일　　　　　　24
내 안의 폴리스　　　　　　　25
뻐꾸기 초록으로 우는 섬　　　26
설화리　　　　　　　　　　　27

제2부 섶마리 여자

땅끝에서 돌아서다	31
희망사진관	32
진아영	33
섶마리 여자	34
애추崖錐	35
별별 면소재지	36
길고양이	37
장미 호수	38
가장자리	39
까막딱따구리	40
설 처녀	41
2019 삼일절	42
혹	43
거저	44
금요일의 탱고	45

제3부 돋을볕

광도, 빛길 수국처럼	49
돋을볕	50
오동도 가는 길	51
빨간씐벵이	52
중앙이발소	53
푸른 동굴	54
그예	55
그의 왈츠 2번	56
가위와 색종이	57
원피스	58
값어치	59
십자가, 참새	60
순장	61
스물두 개 콧구멍	62
청도, 길을 따라	63

제4부 물질경이

척포를 떠나며	67
루슬란	68
동춘서커스	69
하중도河中島	70
비둘기에게	71
옥치과	72
1미터 1원어치 걸음	73
건너편	74
7시, 버금랑에서	75
너,	76
영도 씨 이야기	77
물질경이	78
악수	79
이명	80
쑥영 씨 딸	81

제5부 봄눈 나부끼는 날

은적사隱寂寺	84
구름 전시회	85
봄눈 나부끼는 날	86
1000번지	87
네비게이션	88
초승달	89
달세뇨	90
늦磁	91
늙은 가수	92
몸집	93
태풍의 눈	94
그 무렵	95
상투과자	96
청각 과민증	97
길치	98

■ 해설_오랜 시간 속에서 탐구해가는
  현대성의 정형 미학/유성호   99

1부

설화리

동백꽃 반지

시들지도 않았는디
똑 떨어징께 맴 아퍼

손구락 새 한 송이
꽃 피웠네, 울 엄니

이쁘다
오지게 이뻐
동박새 또 오것다

뒤에게

수십 년 맹인처럼 손질로 길들인 곳
필라멘트 끊어진 알전구 같은 뒤통수에
거꾸로 매달린 머리를 한 줌씩 빗어 내린다

뒷모습 보실래요, 잘 닦인 거울 속에서
고스란히 맞는 나를 눈동자에 담는다
생각을 가위질하던 푸른 날이 번뜩인다

안간힘으로 가는 길 얼마나 온 것인가
앞에서 벌이는 일 군말 없이 뒤를 봐준
등 뒤에 두 눈 하나쯤 나눠 달고 싶은 날

백년도깨비시장

꼬리치며 달아나도 잡지 못할 뒷덜미
은신하기 두려운 광장을 비껴 지나
변두리 수구레 국밥 만판 핥는 오일장

허구한 날 드나들던 뒤꿈치도 닳았는지
한숨 곤히 자는 사이 좌판에 남은 홍정
떨이는 농간을 부린 바람잡이 몫이다

십이리할매 이방아지매 불그레한 웃음
저물녘 노을처럼 물드는 백 년 장터
동여맨 전대를 풀며 허리춤을 추킨다

거짓말

침몰을 부추기는 강파른 풍랑이었네

천 갈래 만 갈래 끊어진 길 위에서

두 팔로 부둥켜안고 가는 너를 보았네

헝클어진 입말은 힘줄이 무성했네

온몸을 오그리고 심연에 갇힌 동안

용서는 내내 미결인 채 사뭇, 넌 떠돌았네

사슬을 뜨다

더디 잡은 손끝에서 사슬 하나 놓칠까
실기둥 단을 세워 거미처럼 줄을 치네
고를 낸 올가미들을 벗어나야 살 길일 터

어눌한 코 빠뜨려 때때로 풀리거나
구멍 빠진 바늘에 허를 찔리지 않게
변수를 늘렸다 감췄다 제 가닥을 잡는 일

손잡은 너와 나 풀어가는 실마리
코뚜레를 꿰어서 끌고 가듯 힘들지만
내 무늬 보일 때까지 허공을 짜야 하네

붉은오름

사나흘 괴어 있다 은연히 스며들어
감감한 어둠 속에서 울음을 매만진다
마음이 쏟아져 버릴까 온몸을 웅크린다

긴 관을 타고 오는 굵직한 떨림이
두세 번 끊어졌다 부풀어 가는 동안
그에게 가까워질수록 징소리가 들린다

슬픔을 아우르는 넉넉한 소리 품새
나 대신 흐느끼고 소멸하는 사려니숲
갈앉아 피붙이처럼 삼나무로 서 있다

일탈

사막의 난쟁이처럼 눈부신 빛 마주하면
그 빛 찬란해도 쓸모없다 푸념하며
가려 줄 그림자 찾아 광야를 헤맬 테지

나무들이 이룬 숲에 마침내 다다르면
그늘을 베어 내야 환한 빛이 보인다며
밀림을 토벌해 버릴 듯 눈빛을 건줄 테지

내가 낳은 변덕이 사막과 밀림에서
오만하게 자라나 헝클리는 오랫동안
어둠은 올곧은 빛을 엎드려 섬길 테지

잠자는 집시*

태양의 오만을 질러 무수한 별을 짚고 온
지팡이는 무뎌지고 만돌린은 더 부드러워져
끊길 듯 실낱같은 삶을 흥건히 연주한다

한 모금 남은 물을 상비약처럼 넘기자
홀로라는 두려움을 앗아가는 깊은 잠
망보는 사막의 달이 원시처럼 말갛다

자는 동안 다녀간 사자를 알 리 없지만
머리맡 그 곁은 주린 것들이 번득이는 곳
눈뜨면 단봉낙타처럼 부은 발로 또 떠나리

* 프랑스 화가 앙리 루소의 작품.

광장의 비

몰려온다
불어난다
소리친다
젖어든다

적폐를
다 씻을 듯
발 디딜 틈
하나 없이

삽시간
번지는 시위
비뚜루
줄을 선다

무박 열차

우그러진 풍경에 딸려오는 두려움으로

협궤의 다리목을 지켜 섰던 한밤중

도마뱀 꼬리처럼 잘린 어둠만 가득하다

공변세포 드나드는 눈먼 숨 가쁠 무렵

지구를 감아 올린 기우뚱한 자전축이

돌아가 내미는 볕을 은총인 양 쬐어 왔다

억겁을 지나온 해는 날마다 새 날인데

누대의 어머니처럼 케케묵은 내 모습

덜 마른 오가리같이 낮볕을 기다린다

바다가 보이는 요양원

뜨겁게 뱉는 밥알 달라붙는 주걱턱

삼켜야 여는 밥길 고집스레 닫았다

저만치 보이는 갈매기 구애하듯 날아온다

부르튼 입술 사이 물고 있는 긴 수평선

들레는 저녁 바다에 추임새를 넣는다

잊었던 사랑과 고백 노을로 타고 있다

눈 내리는 토요일

헤어져 살던 친구가 먼 데서 온다는 날
기다리던 아내에게 으레 그렇게 하듯
어항에 구피를 넣고 화분을 사온 그

풀꽃만 대접하면 다 되는 줄 아는 품
따사로이 보듬고 들어온 작은 것들이
식물성 푸른 주인과 통성명을 나눈다

꽃처럼 피어났다 눈발 속에 지는 불빛
올 것이라 설렌 기대 하얗게 묻히는 밤
속내가 얽히고설킨 이파리만 닦는다

내 안의 폴리스

땅섬지기 농사꾼 다 떠나간 들판에
마이더스 손인 척 빚어낸 도시의 섬
그 섬에 오도 가도 못할 등대가 서 있네

불빛으로 이웃이 된 저녁의 집들 사이
내일은 더 깊은 그늘 길어낼 나무숲
갈래로 정을 나누는 길은 더없이 고요하네

썰물 따라 나갔다 밀물처럼 차오른 밤
시퍼렇게 날이 서 한 치 곁을 주지 않는
잠든 섬 상전벽해에서 나 혼자 파도치네

뻐꾸기 초록으로 우는 섬

당신의 지배령인
가두리 너머 무인도

노을 지는 저물녘
뱃머리를 돌리면

향기로
마중 나오는
비탈길 땅찔레꽃

바다에서 멀어질수록
짙어지는 풀빛 사이

당신은 바람이 되어
무시로 드나들고

빈 배에
드리워진 봄
그리움 만선이네

설화리

나뭇잎 저버리자 이름도 저버렸다

잔별을 솎는 바람 무뎌지는 새벽녘

떨켜에 아로새기는 묵언만 준열하다

팔랑귀 여과되어 오지게 그리운 것들

등걸처럼 굳어진 차디찬 땅심으로

눈보라 퍼붓는 날에는 속속들이 돌아왔다

2부

섶마리 여자

땅끝에서 돌아서다

이곳에서
돌아서자

그 끝을 미루어 두자

너무나
보고 싶지만

이정표 등지고 오길

잘했다
시작의 끝은

더 살다가 보기로 하자

희망사진관

비 내려 쉬는 날은 온 동네 임시 휴일
주량이 어금버금한 술친구 셋이서
장난기 가득한 얼굴로 들앉아 웃고 있다

큰 인물 될 것인 양 거창하게 지은 이름
기대는 온데간데없이 동떨어져 보이나
흑백의 사진 속에서 늘 뚜렷한 아버지

초점 맞춰 고즈넉이 바라보던 순한 눈빛
어깨동무 친구 찾아 떠나신 지 오래지만
희망을 인화하는 이름 사진 뒤에 남기셨다

진아영*

턱 괴고 생각한다느니 한 턱 낸다는 말
그녀에겐 당찮은 슬픔의 관용어였지
씹어서 삼키지 못할 아픔이 우물거렸네

따뜻한 포유류의 둥근 턱이 사라진 뒤
어류의 아가미처럼 변해버린 입 언저리
죄 없는 사람이었다고 조아릴 틈 없었네

살아야 할 신념에 비할 바 없던 이념
오랜 총성 그 환청 무시로 관통하는
무명천 얼굴에 감싼 미안한 역사였네

* 4.3 사건 당시 토벌대 총탄에 턱이 소실되어 평생 무명천으로 턱을 감싸고 살다 가신 할머니 이름.

섶마리 여자

햇살이 비친 만큼 그늘도 드리운 만큼
빽빽이 어우러져 서로 받드는 유월 늪
베어 낸 그루터기에
갈대처럼 서 본다

넘실거리는 샛바람 곁눈질에 엎드려
습지로 잦아드는 개개비 울음소리
구멍 난 셋잇단음 개개개
물크러져 나온다

한나절 가다 말다 반나절 귀 기울인다
잘 풀면 나올 듯한 두루마리구름 거게
망막에 오래 맺혔던
그녀가 울고 있다

애추崖錐

굴절된 햇살 뒤에 그림자 옹송그렸다
틈서리 끼어들다 사라지는 빗방울
허공에 울타리 치듯 무지개를 걸었다

어르고 달래 봐도 본둥만둥 얼어붙어
깊은 속 터주지 않는 메마른 가슴팍
깡그리 무너지고 싶던 만년쯤 빙하 지나

온몸으로 게워내 물결치는 돌너덜
헤엄쳐 멀리 가면 강물과 만나리니
뼈마디 깎아 지르는 바람몸을 살랐다

별별 면소재지

생면부지 유가면 더구나 테크노폴리스
북으로 난 길에 깃든 더 포레스트 둥지
별것이 다 협동조합 촌것처럼 들어섰다

밤마다 개구리 소리에 복원되는 집 번지
못에 빠진 몇몇 별 모서리를 터는 시간
비슬산 한 자락을 베고 비스듬히 눕는다

이미 등진 도시에서 사나흘 주저앉아
반송될 수취인불명 구겨진 내 이름은
풀 죽은 종이 뭉치로 설면설면 잠들겠다

길고양이

보름 달빛 꺽지게 팔아
노름으로 지샜는지

딴 것도 잃은 것도 없이
본전만 친 모양새네

귀먹은
고양이처럼
경계를 푼 흰 수염

저 먼 안드로메다자리
배짱 좋게 걸어놓은

눈빛 아직 그러한데
숨 멎은 옆구리에

바람이
차려 놓은 단풍잎
꽃잎처럼 쌓이네

장미 호수

노을 길 그림자는 슬픔처럼 길어나
집으로 가는 길을 허공에 붙박았다
종이돈 만지작대다
밑천 없이 지는 날들

눈이 더 멀기 전에 돌아갈 아버지 집은
너울지는 고래 섬 아픈 역사처럼 가려져
소금꽃 만신창이의
온몸을 우려냈다

절여지지 않으리라, 결코 썩지 않으리라
허연 가난 피어나는 소금 언덕 붉은 호수
물결 위 우리바바 바*
소금쟁이처럼 삶을 짚었다

* 세네갈 장미 호수에서 소금을 건져내는 이주 노동자.

가장자리

속 깊어 따뜻한 숲
된서리 밤새 내렸다

슬픔을 측량하던 깃발
나지막이 겨누어

한 떼기
밑동 잘린 언덕
허옇게 길을 냈다

연분홍 지르밟고
산 벚나무 타던 새

깃 빠진 몸으로 날아
침묵의 경계 밖으로

우짖는 울창한 기억
허공에 되뇌었다

까막딱따구리

나이테 숨죽인 결
부리 겨눈 오후

바람 숲 은사시나무
뒤무른 속 터주네

굽죄는
드난살이에
체머리 떨구는 빛

설 처녀

긴 옷으로 몸을 감은 채 파리한 입술로

뱃사람에게 두렵다는 아홉 번째 파도처럼

하루가 고비인 친구 쫓기듯 찾아 왔다

갓 따놓은 솜을 말리듯 뭉게구름 가득한 하늘

숨 쉬기 힘든 더위지만 외진 해변을 걸으며

따뜻해 좋은 날이라고 연신 그녀가 웃었다

나쁜 확률을 믿지 않던 우리는 한때 스무 살

때때로 설 씨인 친구는 설 처녀라 불렸다

불현듯 밤새 다녀간 눈이 그녀처럼 포근하다

2019 삼일절

비슬산 굽이굽이 양지로 오르는 봄
못다 부른 만세 소리 헤치듯 풀어놓을
유리창 저 너머 광장에 빛줄기 다 모였다

바람이 하늘 향해 꽃봉오리로 써내려간
반백의 독립선언이 두려웠던 살붙이는
못 본 척 곁눈질하며 밖으로 나아갔다

휘날리는 깃발 앞에 시르죽은 뭇 맹세
우주를 떠돌다가 태극으로 숨어들어
감겨진 백짓장 펴듯 삼월 하루 펄럭였다

훅

　한눈팔다 놓친 시간 마음 아파 앓은 시간 무심코 잠잔 시간 돈 벌다 잊은 시간 통장의 명세서처럼 다 지나 훑어보는

거저

구순하게 드나드는 바람의 땅 모서리
경계 없는 수만 평 별빛같이 나눠 쓰면
마중물 밑천은 되려나, 집 없는 사람에게

명도대비 선명한 0원 분양 현수막
모자란 졸보기눈 어두운 속임수로
신청사 유치를 내건 믿음이 펄럭였네

기부로도 치부하는 자본주의 등 뒤
잘 나눈 무상의 땅 조감도는 있는지
저의가 눈웃음치자 적의는 차올랐네

금요일의 탱고

서로를 부여잡은
눈빛이 교교하다

깊게 파인 등줄기에
물결치는 한밤 선율

주름을
폈다 오므렸다
나이테를
켜는 악사

3부

돈을 벌

광도, 빛길 수국처럼

발아 도운 구름의 뭉실한 유전자여
붉고 푸른 경계를 관장하는 흙에 내려
지난 비 훑고 갔어도 다소곳한 품이네

허기진 맘 채워주는 다디단 어미처럼
본바탕 선해 보이는 그림자 따라가면
살아온 이야기꽃이 둥글게 피어나네

플라멩코 여인처럼 잘 차린 모습으로
캐스터네츠 발자국 기다리는 빛길에서
춤 한판 추고 갈까요, 솔깃한 중년이여

돋을볕

회벽에 기대서면 빗물이 새는 낡은 집

주저앉아 더듬으면 구정물 스민 바닥

수백 번 진창을 딛고 와 번진 얼룩 닦는다

어제처럼 부르튼 크고 작은 온몸 물집

이루 다 말할 수 없는 심연에 뒤척여도

들창 밖 열두 광주리 빛 밤새도록 기다린다

오동도 가는 길
— 해돋이

집에서도 뵈는 해를
뭣 때미 여그까지 와

참말로 거시기 허네
아 쩌 섬 아니래도

다 뵈요
질 가상에서도
아따 오달지네 그 기사

싸게싸게 갔는디
쪼매 늦어 글렀네

오메 근디 저건 뭐여
시방 해가 떴다고

둘이서
좋아 자빠졌나벼
집에서나 할 짓 아녀

빨간씬벵이*

유선형을 잃어버린
불뚝 내민 가슴

못갖춘마디 음표처럼
물결선을 떠돌며

뭉툭한 지느러미로
음계를 짚어간다

삼등칸처럼 자리 잡은
낮은 물은 삶의 보루

입질과 챔질을 거들며
눈감아 주는 바다에서

돌기를 붉게 흔들며
아귀들이 낚시를 한다

* 생김새가 볼품없고 사람이 식용하지 않는 아귀목 바닷물고기.

중앙이발소

 고즈넉이 내려와 창을 지키는 유월 햇살 늙은 이발사는 문득 앙상한 손을 올려 거울 속 수심을 닦다 물끄러미 쳐다본다

 동심원을 그리는 수건이 멈춘 자리 지난한 시간 꿰뚫는 날이 선 눈빛에 둥글게 걸터앉았던 단골이 그려진다

 머리를 내맡기면 단숨에 정수리까지 그들의 한복판을 치고 올라 매만진 손 가위에 잘리는 허공, 이제는 수염 같다

푸른 동굴

잘 고른 사슴 뼈로 가지런히 만들어진
그녀의 목걸이를 전해 주러 가는 길
젖니가 빠진 잇몸을 웃음이 간질였다

콧노래 흥얼거리며 동굴로 가는 동안
풀잎에 가려지는 소소한 부끄러움
그녀는 새기개로 그은 부호를 알아챌까

먹잇감을 구하는 제법 날쌘 사냥꾼의 꿈
바람은 쉬쉬거리고 결사대처럼 선 나무들
아이는 슴베찌르개를 몸에 찬 듯 늠름했다

울부짖는 짐승들 각축전이 한창인 숲
들국화 흐드러진 저 앞은 그녀의 동굴
틈에서 자란 생각이 가깝고도 너무 먼 길

그예

맑혀둔 물안경 너머
모슬포 하늬바람

솔깃한 잇속으로
경계를 저울질하네

잘 달인
까마귀쪽나무
열매처럼 마신 물숨

하나 더 움킨 전복에
전복顚覆되는 그런 날

그 숨 거둬 쟁인 소라
한나절 고동을 부네

호오이
바다울음새
바다가 되는 여자

그의 왈츠 2번

함께 듣고 있지만
혼자로 느껴져요

내가 내민 작은 손
불빛이 감싸 주네요

슬픔에
동의하나요
빗소리 단조인 밤

가위와 색종이

선 따라 흠집 없이 날 세워 오릴 때는
채도 높은 꽃 위에 부전나비로 어울려
가위질 잘 들어 만든 모양이고 싶었다

선 따라 사정없이 날 세워 자를 때는
공중제비로 곤두박여 바닥에 버려져도
눈여겨 잘 써 달라며 읊조리고 싶었다

오리는 그 안에 든 모양새 되어야지
잘리는 그 밖에 것 되지는 말아야지
날 벼린 가위에 물려 제 색깔 견주었다

원피스

더러는 벗어 두고
더러는 입어본다

꽉 낀 몸 틈바구니
쏠쏠했던 등 뒤에서

철철이
오르내리던
주가를 자백한다

값어치

마음결 쓰다듬던 오래된 의식이었을
기다란 머리카락 잘려진 그녀 사진
암 환자 가발용으로 보냈다며 웃고 있네

우편에 섞여 있는 초록우산 돌리다가
쓰임새 알고 싶어 무심코 물었을 때
생활비 기꺼이 부쳐 보태주는 곳이라네

키울 처지 못되는 반려견 대신하여
길고양이 돌보는 데 시간 내는 쏠쏠이
가는 길 환히 비추는 눈빛 있어 참 좋네

십자가, 참새

느닷없이 순례하듯 날아온 두 마리 새
못 박힌 예수의 핏자국을 짚어보려
새가슴 조바심치며 종종걸음 걷고 있네

귀밝이로 마시는 새벽 종소리 아련해지면
밤마다 붉은 십자가 두려웠던 어린 시절
지은 죄 헤아리다가 씻은 듯 맞이한 하루

참새보다 작은 가슴 팔짱 속에 감추고
매만지면 어설픈 믿음 수없이 무너졌지만
경적을 쏟아붙이는 이 길에도 보이시네

순장

별똥별
긋는 획에
주술 걸린 사람들

내세 보장 미혹되어
청맹과니로 따라갔네

삿되다
어둑서니 왕국
꺼묻혀 슬픈 살의

스물두 개 콧구멍

방고래 타고 들어가 아랫목 아첨하던
무쇠솥 양은냄비 넘치도록 끓여대던
생목숨 호락호락 넘보던 오만도 한때였다

된바람 나부대면 오그라진 문명이
수채처럼 역류하여 거뭇하게 물들였다
어둠을 킁킁거리는 스물두 개 콧구멍

돌처럼 단단한 심지에 불쏘시개 댕겨라
저탄장 놀러온 빛들은 가끔 불을 붙였다
다 식은 아궁이 가득 푸른 꽃이 피었다

청도, 길을 따라

빈집에 일가를 이뤄
지키고 선 접시꽃

이웃집 담장 너머
안부처럼 피어난 메꽃

풍각면 마을 방송을
귀 기울여 듣는다

부푸는 그늘에 앉아
영 감감한 노인정

농한기인지 농번기인지
철을 잊어 어쩌나

이장만 아득한 한철
무논 가득 모를 심네

4부

물질경이

척포를 떠나며

보냈던 괜한 마음이 되돌아 나오는지
삽시간 몰려든 구름 정박한 항구에서
바람은 빗줄기보다 한발 먼저 줄달음치네

다독여 부치지 못한 수년 지난 미궁을
수만 갈래로 할퀴며 파도는 재우치네
물거품 그 속에 그만 놓아버리면 될 일

돌아갈 사람처럼 수평선을 걷은 자리
비바람을 밀치며 서 있는 방파제에서
온전한 나를 건져 올려 밤바다를 건너네

루슬란*

내일까지 살아 있어요
그래 살아 있을게

살아남아 고마운 아침
문밖에 서 있는 아이

다가와 도와줄까요
속엣말을 꺼낸다

내 짐을 나눠 들고
층계참에 다다라

공손히 기다리며
뒤돌아 웃는 얼굴

나보다 먼저 베푸는
안녕이 따뜻하다

* 2017년 카자흐스탄에서 이주한 아홉 살배기 고려인 4세 제자.

동춘서커스

청년에게 세상은 불온한 리그라네
뜨는 힘 얻기까지 공중제비로 서서
불빛을 오르락내리락 잡는 손 아슬하네

쳇바퀴 푸른 난간 지르밟고 걸어라
소용돌이 접시꽃 북새통에 피워라
공중은 시험에 든 광야 속울음 가득하네

천막을 친 젊음의 한계 헐값인 이 변방
떠도는 인정사정 본체만체 스쳐가지만
한 시절 어둑한 강물에 노을만 붉게 타네

하중도 河中島

유리창에 드리운 빗방울 주렴 사이로
저물녘 마련그림 그리다 만 하늘가
보랏빛 구름장처럼 산마루 걸쳐 본다

하룻밤 묵어갈 강 언저리 미루나무
한바탕 더듬거리며 적시는 창밖 샛강
질편한 바람을 뉘어 드문드문 도닥인다

여러 번 김이 서리다 이내 식은 탁자 위
덩그러니 빈 잔에 물살만 차려 놓는
그런 날 뿌리째 잠긴 물풀처럼 서 있다

비둘기에게

 오래도록 문 닫힌 모퉁이를 맴돌다 더없이 편해 보이는 내 집에 깃들었구나 인기척 가끔 들려도 이만하면 되었겠지

 봄 햇살 맞이하려 창을 연 그곳에서 서로가 소스라쳐 달아났던 너와 나 무작정 동거했다고 반려가 되는 걸까

 그나마 찾아내어 경계를 푼 인연이나 흩날리는 깃털과 염치없이 남긴 뒷일 난간 밖 고꾸라질 듯 비질하는 것 보았지

 적어도 너에게는 그리운 명성이 있어 집 그늘 훌 벗어나 수풀에 둥지 차려 무리를 부추겨야지 드리운 야성으로

옥치과

집채만 한 간판에 몸체만 한 이름 올려

풍경채를 거머쥔 지역구 의원으로

떡하니 단지 일대를 훑이처럼 치세하네

1미터 1원어치 걸음

삼천 보 걸어가면 막 쪄낸 빵 한 개 값

만 보쯤 걸어가면 한소끔 끓어 오른

한 끼니 삼천삼백 원 여전히 배고픈 밥

눈뜨고 눈감아준 듯 가다보니 보이네

피었다 이운 얼굴 영문도 모르던 눈

못난이 양발가락을 숨겨두고 살았네

건너편

구름이 둥지를 튼
그 아래 풀씨거나

바람 길에 들어선
새들의 기억처럼

소나기 다다른 저 건너
서성이는 한나절

남녘엔 오시라이
맞아주는 역도 있는데

멀거니 마주 보며
돌아서는 도라산 역

우묵한 가슴뼈 깊이
가시로 돋는 돌기여

7시, 버금랑에서

마을버스가 데려다 준 막다른 종점 근처
허름한 고깃집 이층 에둘러 찾아온 잔치
간간이 눈물 배인 노래 울음처럼 흘렀다

거마비 사양하고 노래 불러준 가수 친구
시집을 주겠다고 멀리 올라온 시인 친구
한나절 연가를 내고 합류해준 고향 친구

갓 따놓은 포도주 붉은 잔에 잠긴 겨울
연탄난로 둘러앉아 따뜻하던 십대는 가고
깊어진 눈자위 주름 아코디언처럼 퍼졌다

너,

부르니 후련하다, 외마디 비명처럼

나인 듯 꽉 낀 너를 풀어주고 돌아선다

무뚝뚝 명치를 지나는 우둔한 저 발자국

영도 씨 이야기

얼붙은 관을 보며 문밖에 선 사내
며칠째 스패너로 텅 빈 쇳소리를 낸다
헛도는 수도꼭지를 오르지 못하는 물

삼십 층 뉘 집에는 밥물로 끓어 넘쳐
배부른 뒤치다꺼리 다하고 돌아가는데
물관이 채워지는 집을 물끄러미 볼 수밖에

아무 일 없는 일상을 감사하라 했으니
물조차 없는 불편도 감수해야 하는지
사나흘 나선형 물길을 그리고 있는 사내

물질경이

여우비
내리는 사이
봇도랑 잔물결 위

뭇별들
징검다리처럼
피워 올린 분홍 꽃등

좁다란
논두렁길에
귀엣말이 환하다

악수

오래된 기억의 수단 바꾸기 어렵지만

얼굴 생김새 대신 손의 다름을 기억하자

눈감고 느낌을 익혀 저장하면 다 될 일

크거나 차갑거나 작거나 따뜻하거나

서먹한 경계를 풀고 다리를 건너오듯

손잡고 서로를 알면 선입견은 사라지니

이명

소리꾼 신명이 나
한마당 완창한다

소리에 섞인 소리
모쪼록 가려 써라

쓴소리
주저리주저리
욱여싸는 귓바퀴

쑤엉 씨 딸

꼭 하고 싶은 말
천천히 생각날 때

느리게 말하는 것
참아 달라 애원한다

친구들
자기 엄마 만나면
오래 보지 않기 부탁한다

키 작고 힘 약해도
슬퍼 울면 안 된다

이 세상 태어난 사람
기뻐 웃으면 다 된다

아이가
더듬거리며 한 말
경전처럼 받아쓴다

5부

봄눈 나부끼는 날

은적사隱寂寺

사람 없는 다 저녁 비질은 왜 하나요

절뚝이며 웃는 거사 우리 있어 그랬나

어쩌나 숨어 있을 걸 고요만 쓸려갔네

구름 전시회

비 머금은 서너 폭
채도가 흠이지만

간발의 차이로
섞바뀌는 구름 떼

하늘 녘
상설 전시장
흐름이 보암직하네

아흔아홉 산굽이
만년설 초대전을

먼 길 따라 한나절
읊조리며 보다가

노을빛
만발한 꽃구름
은밀히 소장하네

봄눈 나부끼는 날

문을 나서 달리다 문으로 되돌아온다
길을 내는 오른편이 이제부터 나의 편
길들인 모든 것들이 왼편으로 스러진다

홀로 피어 스며들던 뒤꼍 매화 뭇 향기
끝맺음 더딘 이월 그곳에 놓아두고
허술한 봄눈 사이로 움튼 봄 안고 간다

내가 떠난 자리에 낯선 이가 와 앉고
그가 떠난 자리에 서투른 내가 앉아
밥술의 계보를 잇는 서로를 지지한다

1000번지

갓 솎아낸 순한 별
다닥다닥 세 들어와

개밥바라기 점호에
골목집 불을 켠다

입씨름 고달픈 하루
허기지는 발자국

혼곤한 듯 멈춘 그림자
뉘어주는 언덕배기

기다란 팔 마주 걷는
눈빛이 따뜻하다

묵은지 밥심으로 맺은
한 지붕 오랜 내력

네비게이션

충직한 화살표 일가 환하게 닦아놓은 길
경로를 안내하는 탐색녀는 신이 나
익산행 새로 난 길을 나보다 더 잘 안다

멋대로 지레짐작 낯선 길 돌아설 때
지름길 다시 찾아 비위를 맞추는 눈치
제 속에 실오리 하나 꿍쳐두지 않는다

수다스런 그녀와 동행하기 전에는
모든 길 종단으로 내닫는 줄 알았다
거미줄 헤쳐 나가는 거미인 걸 모른 채

초승달

그믐 비낀 초사흗날
풋잠 도린 검객의 칼

눈썰미 맵게 그려
수배 전단 띄웠네

잘 벼린
별자리 밑창까지
오리무중 치고 가는

달세뇨

이정표 따로 없어도 환하게 그려진 길
짙푸른 허공에 잣듯 사위를 헤아리며
한 타래 세월을 감아 지그시 왔습니다

매듭을 지어야만 갈림길 내준다며
외통수처럼 버티는 막다른 골목에서
숨죽여 바라보는 별 드맑게 돋아납니다

이순의 뒤안길에 보람과 지난한 일
우거지게 피어나고 열매로 다 영글어
그 열매 발아한 눈빛 풍경을 울립니다

늦蕊

 적이 멀리 터만 닦다 사라져 간 안개 섬 봉지에 물을 담아 뛰어온 아이들은 속이 찬 배춧잎마다 단비처럼 붓는다

 느긋이 볕을 쬐던 무당벌레 한 마리 색 바랜 얼룩으로 궁굴린 자리 깊숙이 생맥을 끊어버릴 듯 질기게 앉은 오후

 풍경처럼 울리는 네댓 아이 웃음소리에 벌레를 벗고 싶은 뒤끝이 달아오른다 별안간 하늘을 날아 한 점 찍는 늦가을

늙은 가수

오일장 따라나선
배장수 아내처럼

중고차 꽁무니에서
떨이하듯 내놓는다

목울대
뼈마디에 쟁인
부르다 만 한 시절 노래

몸집

허술한 집 세간살이 돌볼 틈 없었구나

줄일 것 불어나고 불릴 것 줄어들며

서로가 공범이 되어 은닉하다 드러난 죄

내부 수리 처방전에 죄고 푸는 몸뚱이

뒷심 좋은 밀약으로 슬며시 구슬리다

낡은 집 바지랑대 끝 밀잠자리처럼 앉았네

태풍의 눈

비어가는
술잔에

울며불며
퍼붓는 비

수혈하듯
기울인

새벽 난간
포도주 방울

가여운
몸뚱이처럼

말라가는
술 한 병

그 무렵

속속곳 단속곳
속속들이 연 꽃망울

마당귀 서성이다
접질린 그예 유월

고 가시
명치에 박혀
멍울지는 시방, 너

상투과자

재거나 모난 마음 전혀 없이 틀어 올려
정갈하게 구운 모양 오롯이 전해지기를
곱게 친 밀가루 반죽 비나리하듯 치댄다

잘 부풀어 고분고분 익어가는 저 냄새
빈자의 주린 배 한 끼 따뜻하게 채우려
순하고 달짝지근한 정 곁들여 꽉 싸맨다

밤톨처럼 다정한 열량 누구에겐 힘 되기를
식어가는 손바닥 온기 쥐고 나서는 길
오르막 따라온 바람 뒤꿈치를 재촉한다

청각 과민증

두려운 울음 고여
터질 듯 얇은 고막

사나나달 징징대며
풀벌레처럼 홀로 운다

내 귀로
몰아붙이는
온갖 말 천둥이다

길치

밝은 데서 볼 줄 아는
눈빛은 가졌으나

어둔 데서는 한 치 앞도
못 보는 나의 눈빛

먼 데를
가던 눈빛은
이따금 길을 잃었다

■해설
오랜 시간 속에서 탐구해가는
　　　현대성의 정형 미학

유성호
문학평론가 · 한양대 교수

1. 성찰과 공감의 정형 양식

　근원적으로 서정시는 시인 자신의 경험적 발화를 근간으로 이루어지는 언어예술이다. 물론 모든 서정시의 발화가 일인칭 독백의 형태로만 나타나는 것은 아니다. 오히려 서정시는 타자를 향해 일종의 대화적 소통을 열망하는 속성을 가지기도 한다. 독일의 철학자 하이데거M. Heidegger는 존재의 진리를 나타내는 언어가 본질적 언어이며 그것은 대화의 형태를 통해서만 가능하다고 하였다. 이처럼 서정시는 대화적 언어를 통해 '존재 그 자체'를 암시하려는 성격도 지니면서, 대화적 소통을 통해 시인 자신을 성찰하고 타자를 향해 공감을 요청하는 태도를 그치지 않는 상상적 기록이라고 할 수 있다. 이때 시인이 사물이나 타자에 대해 취하는 자세를 우리는 '시적 태도'라고 명명할 수 있을 것이다.

이숙경의 새로운 시조집 『까막딱따구리』는 이러한 대화적 소통을 통해 성찰과 공감의 세계로 나아가려는 시적 태도를 여실히 보여주는 심미적 기록이다. 시인 특유의 성찰과 공감의 속성은 '시조'라는 정형 양식이 '존재 그 자체'에 대한 심원한 지향과 사유를 전개하면서 동시에 타자와의 소통을 열망하는 유력한 언어적 양식이 될 수 있음을 알려준다. 특별히 이번 시조집에서 시인이 들려주는 음역音域 가운데 눈에 띄는 것은, 대상에 대한 세밀한 관찰과 그것을 흘러가는 시간 안에 배치하고 들여다보는 시인의 예리하고도 넉넉한 현실 감각이다. 그리고 그녀의 시조는 시간이라는 불가항력의 흐름 속에서 자신의 존재를 실현하는 과정을 담아내면서, 존재자의 개별성과 '존재 그 자체'의 보편성을 통합하는 상상력에서 발원하는 세계이다. 이제 그 성찰과 공감의 양식 안으로 들어가 보도록 하자.

2. '길'에서 수행하는 '존재 그 자체'에 대한 심층적 사유

이숙경의 시조에는 뚜렷하고도 구심적인 어떤 속성이 잘 나타나는데, 가령 시인은 세상의 주류적 흐름보다는 세계의 주변을 떠도는 고요의 음성을 들으면서 가장 깊은 시간의 속살에 가닿는 일관성을 보여준다. 그럼으로써 크고 단단한 것들이 구성해온 세상에 항의하면서, 작고 부드러운 것들이 구성해내는 새로운 세계를 노래해간다. 이러한 방식이 그녀로 하여금 새로운 생명 현상들을 돌아보고 그들에게 새로운 이름을 부여하려는 명명 욕망을 수반하게끔 하는 것이다. 그 점에서 그녀는 근원적 의미에서 언어의 심연 속에서 사물과 내면이 상호 공명하면서 그려내는 파동을 담아내고자 한다. 말할 것도 없이, 이는 사물 자체의 운동을 극대화하려는 의지와 결합하여 아름다운 미학적 자양이 되어준다. 또한 그녀의 시조에는 활달한 어조를 통해 우리 삶의 불모성을 치유하고 새로운 소통의 가능성을 꿈꾸려는 지향이 숨쉬고 있는데, 이를 통해 우리는 몸 안팎에 잊혀진 생명의 속성들을 새롭게 복원함으로써 서정시가 가지는 역설적 항체의 기능을 강렬하게 느껴볼 수 있을 것이다.

  어우비
  내리는 사이
  봇도랑 잔물결 위

  뭇별들
  징검다리처럼

피워 올린 분홍 꽃등

좁다란
논두렁길에
귀엣말이 환하다

　　　　　　　　　—「물질경이」 전문

밝은 데서 볼 줄 아는
눈빛은 가졌으나

어둔 데서는 한 치 앞도
못 보는 나의 눈빛

먼 데를
가던 눈빛은
이따금 길을 잃었다

　　　　　　　　　—「길치」 전문

　단시조 두 편에 담긴 것은 사물과 내면이 상호 공명하면서 그려내는 잔잔한 파동이다. '물질경이'라는 생명이 자신의 모습을 드러낸 앞의 작품에서 시인은 "분홍 꽃등"을 환한 "귀엣말"로 치환함으로써 공감각적 표상을 구축해내고 있다. 여우비 지나간 사이에 "봇도랑 잔물결"이나 "좁다란 논두렁길"이 환기하는 한적한 곳에서 시인은 "뭇별들/징검다리처럼" 빛을 뿌리는 물질경이의 모습을 통해 풍경과 내면이 조응하는 순간을 잡아낸다. 바로 그 순간에 시인은 '존재 그 자체'의 소리를 듣고 있는 것이다. 물론 그 소리는 시인의 내면에서 찰랑이는 별처럼, 빛으로 찾아온 존재의 귀엣말이었을 것이다. 뒤의 작품은 비록 밝은 데서는 볼 줄 아는 환한 눈빛을 가졌지만 어둠 속에서는 한치 앞도 보지 못하는 자신의 한계를 노래한 결실이다. 시인은 "먼 데를/가던 눈빛"이 이따금 길을 잃었던 경험을 두고 자신을 '길치'라고 표현했지만, 어쩌면 시인은 밝음은 밝음대로 어둠은 어둠대로 "먼 데를/가던 눈빛"으로 투시하던 견자見者로서의 존재론을 가졌지도 모른다. 그러니 이숙경 시인은 사물들로부터 환한 귀엣말을 듣기도 하고 깊은 어둠을 보기도 하는 자신의 품을 고백한 셈이 된다. 그렇게 "안간힘으로 가는 길"(「뒤에게」)이야말로 "이정표 따로 없어도 환하게 그려진 길"(「달세뇨」)이었을 것이고, 바로 그 길이 '시인의 길'이었음은 두 말할 필요도 없을 터이다. 다음은 어떠한가.

    느닷없이 순례하듯 날아온 두 마리 새
    못 박힌 예수의 핏자국을 짚어보려
    새가슴 조바심치며 종종걸음 걷고 있네

    귀밝이로 마시는 새벽 종소리 아련해지면
    밤마다 붉은 십자가 두려웠던 어린 시절

지은 죄 헤아리다가 씻은 듯 맞이한 하루

참새보다 작은 가슴 팔짱 속에 감추고
매만지면 어설픈 믿음 수없이 무너졌지만
경적을 쏘아붙이는 이 길에도 보이시네
─「십자가, 참새」전문

이 이색적인 시편은 "못 박힌 예수의 핏자국"이나 "새벽 종소리/붉은 십자가/순례/죄/믿음" 등 종교적 경험의 기표들이 에누리 없이 등장함으로써 일종의 신성한 에피파니epiphany의 순간을 보여준다. 존재의 원형이 환하게 나타난 순간을 시인은 역시 '길'에서 바라보는데, 사실 시인의 시선에 들어온 것은 "순례하듯 날아온" 참새 두 마리이다. 그네들의 순례는 "못 박힌 예수의 핏자국"을 짚어보려는 조바심에서 발원한 것이고, 그네들의 바지런한 종종걸음이야말로 '신성'에 다가가려는 간절한 마음의 움직임이었던 셈이다. 새벽 종소리가 아련해질 때 시인은 "밤마다 붉은 십자가 두려웠던 어린 시절"과 "지은 죄 헤아리다가 씻은 듯 맞이한 하루"를 떠올린다. 시인의 종교적 경험은 이렇게 죄에 대한 두려움과 속죄의 은총 사이에 있었다. 이때 "참새보다 작은 가슴"을 숨기고는 "어설픈 믿음"을 "경적을 쏘아붙이는 이 길"에서 바라보는 시인의 마음이야말로, 마치 존재 그 자체의 귀엣말을 듣듯이, 어둠 속의 길을 은은하게 바라보듯이, 십자가에 어른거리는 어설프지만 소중한 믿음의 시간을 소중하게 매만지고 있는 것이다. 그리고 그 '길'은 시인에게 "식어가는 손바닥 온기 쥐고 나서는 길"(「상투과자」)이었을 것이다.

이렇게 이숙경 시인은 우리가 물리적 제약 때문에 한계를 지어놓은 것들을 때로 비껴가고 때로 넘어서면서 '시인의 길'에서 근원적인 존재의 현현을 바라보고 노래한다. 우리가 회복해야 할 서정시의 기율이 사물의 배후에 있는 존재의 본질을 새롭게 읽어내고 그것을 타자와 소통하면서 성찰하는 데 있다면, 우리는 폐허와 불모를 드러내고 있는 상황을 형상화할 때 사물의 외관을 재현하는 방식의 한계를 이숙경 시조가 훌쩍 넘어서고 있음에 주목하게 된다. 그래서 우리는 사물의 재현을 무심하게 반복하기보다는 심층적 사유를 통해 '존재 그 자체'를 현현하는 기율이 우리 시대에 훨씬 더 긴요함을 강조할 수 있을 것이다. 다른 현대시조에서 간취하기 어려운, 이숙경 시조만의 뚜렷한 창의적 국면이 아닐 수 없다.

3. '낡음'의 아름다움을 통한 존재론적 근원의 탐색

또한 이숙경의 시조에서 빛을 발하는 대목은 일상에서 만나는 경험의 형상화 과정에 있다. 그녀의 시조는 지나온 시간에 대한 애틋한 그리움과 사물에 대한 아름다운 서정을 결속한 시간성의 경험적 결실이다. 시인은 자신이 걸어온 삶에 대한 애틋함과 소중함을 동시에 발화하면서 자신만의 시간의 깊이에 가닿는다. 이러한 과정은 그녀로 하여금 자신이 살아온 시간을 되새기고 나아가 그 시간에 대해 각별한 의미를 부여하게끔 해준다. 그 시간이 남긴 흔적이야말로 시인이 살아왔을 직접적인 삶의 형식이고 시인이 쓰는 시조는 삶의 중요한 내질內質을 담는 그릇이 될 것이기 때문이다. 그 점에서 이숙경의 시조는 전형적인 '시간예술'로서의 속성을 보여주는 뜻깊은 사례일 것이다. 그 안에는 시간의 풍화 속에 스러져가는 사물에 대한 기억의 열망이 있고, 사물에 대한 차분한 관조와 연민을 통한 순간적 초월 의지가 출렁이고 있다. 우리 시대가 필요로 하는, 우리가 취해야 할 정형 미학의 한 범례가 이숙경 시조 안에 담겨 있는 셈이다.

　　회벽에 기대서면 빗물이 새는 낡은 집

　　주저앉아 더듬으면 구정물 스민 바닥

　　수백 번 진창을 딛고 와 번진 얼룩 닦는다

　　어제처럼 부르튼 크고 작은 온몸 물집

이루 다 말할 수 없는 심연에 뒤척여도

들창 밖 열두 광주리 빛 밤새도록 기다린다
—「돋을볕」 전문

 '돋을볕'이란 태양이 막 솟아오를 때의 햇볕을 말한다. 모든 존재자의 시원始原이요 근원을 상징하는 기호라 할 것이다. 시인은 돋을볕에 드러난 "낡은 집"을 바라본다. 빗물 새는 회벽과 구정물 스민 바닥에 "수백 번 진창을 딛고 와 번진 얼룩"이 가득한 집이다. 하지만 비록 부르트고 물집 잡힌 낡은 집일지라도 시인은 "이루 다 말할 수 없는 심연"을 통과한 후에 "들창 밖 열두 광주리 빛"을 밤새 기다리다 돋을볕을 맞이하고 있다. 여기서 "열두 광주리"는 기적을 통해 "따뜻한 품에 안겨 들어온 작은 것들"(「눈 내리는 토요일」)을 하나둘씩 모아 "빈집에 일가를 이뤄"(「청도, 길을 따라」)내는 시인의 모습을 상징적으로 보여준다. 이 또한 이숙경 시조가 폐허와 낡음을 넘어 끝없는 역설의 신생으로 정향되고 있음을 알려주면서, 존재 그 자체를 간구하는 그녀의 종교적 아우라Aura가 작품의 근간을 붙잡고 있음을 암시해주는 실례일 것이다. 그렇게 그녀에게 '낡음'이란 소멸의 한시적 전조前兆가 아니라 이른바 '오래된 새로움'을 가능케 해주는 호환할 수 없는 최적의 조건으로 거듭난다.

비 내려 쉬는 날은 온 동네 임시 휴일
주량이 어금버금한 술친구 셋이서
장난기 가득한 얼굴로 들앉아 웃고 있다

큰 인물 될 것인 양 거창하게 지은 이름
기대는 온데간데없이 동떨어져 보이나
흑백의 사진 속에서 늘 뚜렷한 아버지

초점 맞춰 고즈넉이 바라보던 순한 눈빛
어깨동무 친구 찾아 떠나신 지 오래지만
희망을 인화하는 이름 사진 뒤에 남기셨다
　　　　　　　　　　　　　―「희망사진관」 전문

  고즈넉이 내려와 창을 지키는 유월 햇살 늙은 이발사는 문득 앙상한 손을 올려 거울 속 수심을 닦다 물끄러미 쳐다본다

  동심원을 그리는 수건이 멈춘 자리 지난한 시간 꿰뚫는 날이 선 눈빛에 둥글게 걸터앉았던 단골이 그려진다

  머리를 내맡기면 단숨에 정수리까지 그들의 한복판을 치고 올라 매만진 손 가위에 잘리는 허공, 이제는 수염 같다
　　　　　　　　　　　　　―「중앙이발소」 전문

　이숙경 시인은 지나온 시간에 머물고 있던 사람과

사물을 불러내 선명하게 인화된 자신의 기억을 그 안에 담아 보여준다. 그 기억은 그리움에 감추어진 근원적인 것들을 향하는데, 그만큼 그녀의 시조는 절실한 그리움의 대상이 되는 세목들로 짜여 있다. 앞 작품의 "비 내려 쉬는 날은 온 동네 임시 휴일"이라는 표현에서 우리는 '희망사진관'이 분주하거나 붐비는 모습을 띠지 않고 있음을 알 수 있다. 하지만 그곳에는 화자의 존재론적 근원으로서 "흑백의 사진 속에서 늘 뚜렷한 아버지"가 계시다. 화자가 '희망사진관'을 지금도 삶의 기억 속에 배치할 수밖에 없는 까닭도 아버지의 "초점 맞춰 고즈녁이 바라보던 순한 눈빛"이 지금도 "희망을 인화하는 이름"을 사진 뒤에 남기고 계시기 때문일 것이다. 아버지는 아직도 '희망'으로 남으신 것이다. 그리고 뒤의 작품이 담고 있는 것은 하나씩 사라져가는 '이발소'다. "고즈녁이 내려와 창을 지키는 유월 햇살"을 배경으로 거울 속 수심愁心을 물끄러미 바라보는 "늙은 이발사"의 눈빛에 오랫동안 둥글게 걸터앉았던 단골이 그려지지만, 한때 '중앙'을 차지하던 이발소는 낡아가고 사라져갈 뿐이다. 그렇게 '희망사진관'과 '중앙이발소'는 이제 '희망'도 '중앙'도 아닌 '낡음'과 '주변'으로 밀려나 있다. 그러나 "막다른 종점 근처"(「7시, 버금랑에서」)에서 "저물녘 노을처럼 물드는"(「백년도깨비시장」) 어떤 기운처럼, "내일은 더 깊은 그늘 길어낼 나무숲"

(「내 안의 폴리스」)을 시인으로 하여금 예감하게끔 해주기도 한다. 이 모든 것이 '낡음'의 아름다움이고 "오지게 그리운 것들"(「설화리」)을 현재화하는 시인의 직무일 것이다.

　이처럼 이숙경 시인은 사물이나 현상의 오랜 고유성을 발견하고 그 응시의 힘으로 자신의 시적 태도를 견지하는 서정의 원리를 이어간다. 또한 그 힘으로 다시 사물에게 활력과 생명을 불어넣는 상상의 과정을 포기하지 않는다. 그러한 과정을 가능케 하는 원리가 '기억'일 터인데, 그녀의 시조는 이처럼 어떤 존재론적 근원에 대한 기억을 중심적인 창작 동기로 삼는다. 그렇게 그녀의 시조는 사물을 통한 오랜 세월의 축적을 드러내는 '시간의 축도縮圖'인 것이다. 아울러 시인은 서정시의 존재 방식이 궁극적으로 자기 발견을 시도하는 데 있다는 점과, 그 밑바닥에 오래고도 절실한 시간을 담고 있다는 점을 힘주어 노래한다. 결국 이번 시조집은 오랜 시간 경험 속에 누적해온 시간을 불러모아 시인 자신이 살아온 날들에 대한 그리움으로 온통 수런거리게끔 하고 있으며, 그 결과 서정시의 존재 방식으로서의 '시간'과 '기억'을 보여주는 풍경첩으로 우리에게 다가온다고 할 수 있을 것이다. '낡음'의 아름다움을 통한 존재론적 근원을 탐색하는 과정으로서 말이다.

4. 첨예한 현대성의 시학

우리는 보통 시조의 본령을 형식에서의 정형성과 내용에서의 고전적 속성에서 구한다. 시인 자신의 개별적 경험보다는, 안정된 율격과 시상을 충족시키는 것이 시조 미학의 오래된 관견이 되어왔기 때문이다. 물론 고시조가 현대시조로 넘어오면서 다양한 사유와 감각이 외연을 확대해왔지만, 그럼에도 시조의 근간이 정형성과 고전적 안정성에 있다는 사실이 크게 바뀌지는 않았다. 여전히 시조는 형식과 내용에서 파격이나 일탈을 잘 허락하지 않으며, 동시에 그것만이 시조다움을 묵수하는 방법임을 여러 모로 역설해온 셈이다. 하지만 현대시조로 올수록 이러한 외관은 서서히 근대적 개인의 내밀한 자기 탐구의 시학으로 번져가고 있다는 점도 부인하기 어렵다. 이숙경의 시조는 사랑의 욕망이라든지 자신의 내밀한 기억을 드러내는 데 주력함으로써, 현대인의 내면적 고백과 증언이 현대시조의 양도할 수 없는 원리라는 점을 힘껏 전해준다. 이숙경 시조의 첨예한 현대성이 여기에서 발원한다.

　　잘 고른 사슴 뼈로 가지런히 만들어진
　　그녀의 목걸이를 전해주러 가는 길
　　젖니가 빠진 잇몸을 웃음이 간질였다

콧노래 흥얼거리며 동굴로 가는 동안
풀잎에 가려지는 소소한 부끄러움
그녀는 새기개로 그은 부호를 알아챌까

먹잇감을 구하는 제법 날쌘 사냥꾼의 꿈
바람은 쉬쉬거리고 결사대처럼 선 나무들
아이는 슴베찌르개를 몸에 찬 듯 늠름했다

울부짖는 짐승들 각축전이 한창인 숲
들국화 흐드러진 저 앞은 그녀의 동굴
틈에서 자란 생각들이 가깝고도 너무 먼 길
— 「푸른 동굴」 전문

그 옛적 유적遺跡인 '푸른 동굴'은, 현대인의 내면을 비유적으로 담아내는 공간으로 거듭나고 있다. 오랜 시간을 격해 이 동굴에서 이루어진 마음의 흐름은 "잘 고른 사슴 뼈로 가지런히 만들어진/그녀의 목걸이"를 전해주러 가는 길에서 완성된다. "젖니가 빠진 잇몸"을 가진 애틋한 사랑은 소년으로 하여금 콧노래 흥얼거리며 동굴로 가게끔 하고, "풀잎에 가려지는 소소한 부끄러움"에도 불구하고 "새기개로 그은 부호"를 그녀가 알아채길 바라는 마음을 가지게끔 해준다. 이때 소년은 "먹잇감을 구하는 제법 날쌘 사냥꾼의 꿈"을 가진 "슴베찌르개를 몸에 찬 듯" 늠름한 엽사獵師이기도 하지만, "들국화 흐드러진" 그녀의 동굴을 바라보면서 "틈에서 자란 생각들이 가깝고도 너무 먼 길"임을 생각하는 낭만적 사랑의 연금술사이기도 하다. 물론 이때 소년이 느낄 법한 사랑은 고대인의 그것이 아니라, 현대인의 사랑을 유추적으로 그곳에 기입한 결실일 터이다. 이는 '슴베찌르개'로 상징되는 사냥과 '목걸이'로 상징되는 사랑 가운데 어느 것도 소홀히 하지 않았던 시인 자신의 내면적 고백을 담고 있는 셈이다. 그래서 마음의 풍경이 고색창연하지 않고 역동적인 감각으로 전회轉回될 수 있었던 것이다. 우리도 '그때 그곳'을 넘어 '지금 여기'의 열망과 만나게 되지 않는가. "가깝고도 너무 먼 길"을 돌아가는 이숙경 시조의 현대성이 여기서 태어나고 있는 것이다.

    침몰을 부추기는 강파른 풍랑이었네

    천 갈래 만 갈래 끊어진 길 위에서

    두 팔로 부둥켜안고 가는 너를 보았네

    헝클어진 입말은 힘줄이 무성했네

    온몸을 오그리고 심연에 갇힌 동안

    용서는 내내 미결인 채 사뭇, 넌 떠돌았네
                            ─「거짓말」 전문

시인은 "침몰을 부추기는 강파른 풍랑"에 부딪치면서 "천 갈래 만 갈래 끊어진 길" 위에서 "두 팔로 부둥켜안고 가는 너"를 바라보았노라고 노래한다. 여기서 '침몰', '풍랑'이 가지는 치명적 리스크와 "끊어진 길"이 가지는 격절隔絶의 상황은 '나'와 '너'가 안정된 조건에 있지 못함을 암시한다. 그래서인지 화자는 "헝클어진 입말은 힘줄이 무성"했지만 그것은 심연에 갇힌 채 용서는 미결인 채로 남았다고 말하는 것이 아닌가. 그렇게 거기서 떠도는 '너'를 향해 시인은 '거짓말'이라는 제목을 붙였다. 그러니까 '거짓말'이란 끊어진 길 혹은 갇혀버린 심연에서 떠도는 '너'의 존재가 화자의 삶에 나타났다가 암전되어버린 상황을 암시하고, 바로 '시인 이숙경'의 삶과 언어가 그 침몰과 갇힘과 떠돎을 지나 비로소 펼쳐지고 있음을 암시하는 것은 아닌가 생각해볼 수 있을 것이다. 이는,「푸른 동굴」의 부끄럽고 소박하고 순연한 사랑과는 달리, 헝클어지고 무수히 떠돌던 순간들의 '거짓말' 같은 사랑으로 나타났던 것이다. 바로 그 '거짓말' 이후, 시인은 "당신은 바람이 되어/무시로 드나들고"(「뻐꾸기 초록으로 우는 섬」) 있음을 상상하면서 "온전한 나를 건져"(「척포를 떠나며」) 올리는 작업으로서의 '시쓰기'를 지속해온 것이다.

이렇게 이숙경의 시조는 결핍과 부재를 견디는 힘에서 생겨나고 펼쳐져간다. 마땅히 있어야 할 것의 없음,

한때 분명하게 존재했던 것의 부재, 이러한 삶의 결여 형식에 대한 원형적 반응이 바로 그녀의 시조일 것이다. 그것은 존재 혹은 의식을 파악하는 것이 이성으로만 되는 것이 아니라 현재형의 감각을 통해서도 이루어진다는 것을 드러내준다. 여기서 우리는 삶의 복합성에 대한 미학적 추인을 통해 스스로의 고통스럽고 근원적인 사랑의 존재론을 설파하는 이숙경 시인의 감각과 만나게 된다. 지난 시간 속에 깃들인 삶의 비의秘義를 순간 속에서 발견하고 그것을 중요한 삶의 형식으로 은유해가는 이숙경의 시조는, 말할 것도 없이, 언어를 통해 사물의 질서를 구성하고 궁극의 근원에 가닿으려는 언어적 자의식을 보여주는 세계이다. 남다른 언어적 자의식으로 사물의 질서를 상상적으로 구성해내면서 첨예한 현대성의 시학으로 나아가고 있는 것이다.

5. 역사와 현실에 대한 해석안眼의 구체

이숙경 시조는 그 스케일에서 여타 시조를 압도하는 권역을 거느리고 있기도 하다. 그녀의 시조는 구체적 사물과의 유추적 연관을 통해 얻는 인생론적 깨달음을 넘어, 지난 시간에 대한 기억을 통해 존재를 성찰하는 차원을 지나, 일종의 사회적 상상력을 통해 한 시대의 기억이나 불합리한 조건에 대해 비판적 목소리를 들려주기도 한다. 이숙경 시조가 이러한 서정시의 기능들 곧 삶의 진실에 대한 깨달음, 기억을 통한 존재의 성찰, 사회적 상상력을 통한 비판적 목소리의 권역을 두루 보여주는 넓은 음역音域을 가지고 있다는 점은 단연 주목할 만하다. 물론 이러한 특성은 오랜 시간 축적해온 그녀만의 안목의 깊이를 말해주는 유력한 지표指標일 것이다. 시인은 때로 미시적 일상을 들여다보고 때로 거시적 역사를 잡아내기도 하는데, 이는 시인이 추구하는 시적 비전vision이 역사와 현실에서 역설적 항체抗體를 찾아내는 감각에 있음을 증명하는 사례이기도 하다.

> 비슬산 굽이굽이 양지로 오르는 봄
> 못다 부른 만세 소리 홰치듯 풀어놓을
> 유리창 저 너머 광장에 빛줄기 다 모였다
>
> 바람이 하늘 향해 꽃봉오리로 써내려간
> 반백의 독립선언이 두려웠던 살붙이는
> 못 본 척 곁눈질하며 밖으로 나아갔다
>
> 휘날리는 깃발 앞에 시르죽은 뭇 맹세
> 우주를 떠돌다가 태극에 숨어들어
> 감겨진 백짓장 펴듯 삼월 하루 펄럭였다
> ─「2019 삼일절」 전문

구름이 둥지를 튼
그 아래 풀씨거나

바람 길에 들어선
새들의 기억처럼

소나기 다다른 저 건너
서성이는 한나절

남녘엔 오시라이
맞아주는 역도 있는데

멀거니 마주 보며
돌아서는 도라산 역

우묵한 가슴뼈 깊이
가시로 돋는 돌기여
—「건너편」 전문

시인은 3·1운동 100주년을 맞아 못다 부른 만세소리인 듯 들려오는 빛들을 바라본다. 이제는 역사의 '양지/광장'으로 몸을 바꾸었지만 오래 전 이 땅은 "바람이 하늘 향해 꽃봉오리로 써내려간/반백의 독립선언이 두려웠던" 곳이기도 하다. 그러나 "우주를 떠돌다가 태극에 숨어들어"간 맹세와 열정과 헌신은 "삼월 하루"

펄럭이는 깃발로 다시 살아나 '2019 삼일절'을 환하게 밝히고 있지 않은가. 도처에 자기 훼손의 언어가 넘쳐나는 이 시대에 이숙경 시인이 바라보고 노래하는 그때의 역사가 건강하게 제 모습을 갖춘 채 펄럭이고 있다. 그런가 하면 시인은 바로 '건너편'에 존재하는 남과 북의 분단 현실을 응시하기도 한다. 그곳에는 '구름'과 '풀씨'와 '바람'이 자유로운 "새들의 기억처럼" 한나절 서성이고 있지만, 멀거니 마주 보며 돌아서는 "도라산역"이 상징하듯 "우묵한 가슴뼈 깊이/가시로 돋는 돌기"가 여전히 존재하는 아픈 곳이기도 하다. 이 유유한 자유로움과 뼈아픈 넘어설 수 없음이 '건너편'을 '저 먼 곳'으로 만들어간 것이다. 이제 시인은 역사에서 "제 가닥을 잡는 일"(「사슬을 뜨다」)이 중요하고, 역사에 "햇살이 비친 만큼 그늘도 드리운"(「섶마리 여자」) 것을 온전히 바라보아야 한다고 역설하고 있는 것이다.

이처럼 한 시대의 역사 현실을 암시하면서 정신적 결기를 함께 아우르는 이숙경의 시조는, 읽는 이들로 하여금 한 시대의 단면을 선명하게 이해하게끔 해주는 동시에, 사물에 대한 시선이 사회적 현상과 접점을 형성하면서 진실의 폭을 넓게 경험하게끔 해준다. 이때 시인이 실천하는 것은, 소소한 감정 표현이 아니라, 역사와 현실을 기록하면서도 그 안에 오랜 흔적으로 담겨 있는 시간을 놓치지 않는 안목에서 생성되는 것이다. 그리고 우리는 인간 존재의 공동체적 조건을 암시하는 복합적 형상이 우리 시대에 필요한 시조의 속성이라고 말할 수 있을 것이다.

    내일까지 살아 있어요
    그래 살아 있을게

    살아남아 고마운 아침
    문밖에 서 있는 아이

    다가와 도와줄까요
    속엣말을 꺼낸다

    내 짐을 나눠 들고
    층계참에 다다라

    공손히 기다리며
    뒤돌아 웃는 얼굴

    나보다 먼저 베푸는
    안녕이 따뜻하다
                                   ―「루슬란」 전문

    꼭 하고 싶은 말
    천천히 생각날 때

느리게 말하는 것
참아 달라 애원한다

친구들
자기 엄마 만나면
오래 보지 않기 부탁한다

키 작고 힘 약해도
슬퍼 울면 안 된다

이 세상 태어난 사람
기뻐 웃으면 다 된다

아이가
더듬거리며 한 말
경전처럼 받아쓴다

―「쑤영 씨 딸」 전문

　시인은 광범위한 이산離散, diaspora의 역사를, 이역異域에서 살아온 우리 민족을 통해 노래한다. '루슬란'은 카자흐스탄에서 이주한 아홉 살배기 고려인 4세다. 시인의 제자이기도 한 '루슬란'을 주인공으로 한 이 시편은 그 아이와의 따뜻한 소통을 통해 우리가 지어야 할 '짐'에 대해 노래한다. 내일까지 살아 있자고 나눈 이야기, 살아남아 고마운 아침에 "도와줄까요" 하고 속앳말을 꺼내는 아이의 모습에서 시인은 환한 마음을 느낀다. 그리고 "내 짐을 나눠 들고/층계참에 다다라//공손히 기다리며/뒤돌아 웃는 얼굴"과 "나보다 먼저 베푸는/안녕"이 따뜻하게 전해져 옴을 느낀다. 두루 알다시피, 고려인은 러시아나 카자흐스탄 같은 나라에 살고 있는 한인들을 말한다. 19세기 중반 함경도 농민 몇 가구가 연해주로 이주한 것이 그 역사의 시작이다. 스탈린의 중앙아시아 이주 정책으로 이산된 이분들은 끔찍한 시간을 견뎌왔지만 지금도 열악한 삶을 이어가고 있다. 지금 고려인 3세까지는 재외동포 지위가 인정되지만 4세는 법률상 인정되지 않는다고 한다. 미성년자가 대부분인 4세는 성인이 되면 추방당할 위기에 처해 있다고도 한다. 우리는 순연한 아이의 마음처럼, 이숙경 시조의 증언과 지향이 우리 사회에 천천히 번져가기를 희원해본다.

그런가 하면 이숙경 시인은 우리 사회의 변인變因 가운데 하나인 다민족 현상에 대해서도 노래한다. 우리 사회가 단일민족 신화의 재생산에서 벗어나 다른 민족과 융화하는 자세가 강조된 지는 제법 오래된 듯하다. 일방적 동화주의에서 벗어나 서로 다른 문화가 호혜적으로 존중받는 사회가 되어야 한다는 것이다. 이숙경 시조는 그러한 인식을 지향하는 아름다운 시선과 마음을 보여준다. 쑤엉 씨의 딸을 주인공으로 한 시편에는,

말을 느리게 하는 것을 참아달라고 말하면서도 "꼭 하고 싶은 말"을 천천히 해가는 아이의 모습이 담겨 있다. 이때 시인은 "이 세상 태어난 사람"으로서 기뻐 웃으면 모든 일이 잘 될 거라는 믿음을 가진 "아이가/더듬거리며 한 말"을 경전처럼 받아쓴다. 그 말이 곧 "내 귀로/몰아붙이는/온갖 말 천둥"(「청각 과민증」)으로 천천히 다가온 것이다.

이처럼 근원을 투시하고 거기에 짙은 서정성을 보태가던 이숙경 시조는 차차 사회적 존재로서의 인간의 삶을 표현해간다. 그녀의 작품은 현실에서 아픔을 겪는 이들의 삶을 노래함으로써 우리가 마땅히 이루어가야 할 존재 전환의 가치를 노래한다. 그렇다고 시인의 언어가 현실을 벗어나 이상적인 거소居所로 유폐되는 것은 결코 아니다. 오히려 그녀는 궁극적으로 지상에 발 딛고 살아가는 이들의 존재 형식을 증언하는 쪽으로 한결같이 귀환하고 있다. 그 점에서 우리는 한 사회의 역사와 현실을 이해하는 실례로 이숙경 시조의 존재 의의를 찾을 수 있을 것이다. 그만큼 그녀는 역사와 현실에 대한 해석안眼의 구체를 독보적으로 보여준다.

주지하듯 현대시조의 미학은 고전적인 것이자 현대적인 것이다. 최근 씌어지는 시조들 역시 이러한 고전적이고 현대적인 양가적 원리에 기대고 있을 터이다.

이숙경의 시조는 이러한 양가적 원리를 승인하면서 시조의 새로운 현대성을 개척해가는 중심 자료로서 손색이 없어 보인다. 그녀는 사물의 외관을 충실하게 묘사하면서도 거기에 자신의 삶의 태도를 입히고 있고, 오랜 시간을 탐구하면서도 가장 동시대적인 감각을 토로하고 있으며, 사물의 안팎에 새겨져 있는 기억의 흔적을 거스르는 방법을 통해 다양한 서정의 면모를 생성해낸다. 사물과 기억을 결속하는 언어를 풍요롭게 보여준 이숙경의 이번 시조집은 그래서 더욱 가멸차고 융융한 현대성으로 다가온다. 그리고 우리는, 오랜 시간 속에서 그녀가 탐구해간 현대성의 미학에 동참하면서, 그녀의 다음 시조집에서 더욱 심원한 통찰과 사유가 착색된 완미한 정형 미학의 한 정화精華를 만나보게 되기를 소망해마지 않는다.

이숙경 | 전북 익산 출생. 전주교육대학교 국어교육학과, 대구교육대학교 교육대학원 국어교육학과 졸업. 2002년 매일신문 신춘문에 등단. 시조집 『과두』, 현대시조 100인선 『흰 비탈』, 시론집 『시스루의 시』. 대구시조문학상, 시조시학 젊은시인상, 한국문화예술위원회 창작기금 수혜. 영언 동인.

| 한국대표 정형시선 058 |

까막딱따구리

초판 1쇄 인쇄일·2020년 02월 10일
초판 1쇄 발행일·2020년 02월 20일

지은이 | 이숙경
펴낸이 | 노정자
펴낸곳 | 도서출판 고요아침
편　집 | 정숙희 김남규

출판 등록 2002년 8월 1일 제 1-3094호
03678 서울시 서대문구 증가로 29길 12-27 102호.
전화 | 302-3194~5
팩스 | 302-3198
E-mail | goyoachim@hanmail.net
홈페이지 | www.goyoachim.net

ISBN 979-11-90487-13-9(04810)
ISBN 978-89-6039-993-8(세트)

*책 가격은 뒤표지에 표시되어 있습니다.
*지은이와 협의에 의해 인지는 생략합니다.
*잘못된 책은 교환해 드립니다.

* 이 책은 2018년 아르코문학창작기금의 수혜를 받아 발간되었습니다.

ⓒ 이숙경, 2020